DE
L'ÉMIGRATION.

IMPRIMERIE DE SÉTIER,

COUR DES FONTAINES, N° 7, A PARIS.

DE
L'ÉMIGRATION,

ET

DES DÉDOMMAGEMENS

QU'IL CONVIENT D'ACCORDER AUX ÉMIGRÉS:

PAR UN PROPRIÉTAIRE.

A PARIS,

CHEZ LES PRINCIPAUX LIBRAIRES.

1824.

DE L'ÉMIGRATION,

ET

DES DÉDOMMAGEMENS

QU'IL CONVIENT D'ACCORDER AUX ÉMIGRÉS.

Il est question depuis long-temps d'accorder des dédommagemens aux émigrés. Un maréchal de France (1), dont le nom figure en première ligne dans les fastes de notre gloire, proposa en 1815 d'établir un crédit considérable pour effectuer ce dédommagement. Les événemens malheureux qui eurent lieu à cette époque empêchèrent que cette proposition, *noble et désintéressée*, ne fût prise en considération; mais on la renouvelle aujourd'hui. Un membre de la chambre des députés (2),

---

(1) Le maréchal Macdonald.

(2) M. de la Bourdonnaye.

moins désintéressé dans la cause que le noble maréchal, a demandé que le dédommagement fût *intégral*, c'est-à-dire, qu'il fût équivalent à toutes les pertes que l'émigration a occasionnées à ceux des Français qui prirent ce parti.

Cette proposition, quelque exagérée qu'elle ait paru, n'a cependant surpris personne ; car chacun sait que telles sont les prétentions des émigrés. Ils disent, qu'ayant rendu de grands services à la France, la France leur doit un dédommagement de toutes les pertes que leur dévouement leur a occasionnées. Si l'intérêt personnel porte les émigrés à faire une telle demande, le même motif porte ceux qui en doivent subir les conséquences à examiner jusqu'à quel point elle est fondée en droit et en raison, et si l'équité française exige qu'elle leur soit accordée.

L'émigration a-t-elle été forcée, ou a-t-elle été un acte libre de la volonté de ceux qui l'ont effectuée ?

L'émigration a-t-elle eu lieu dans l'intérêt du Roi et dans celui de la France ?

Eut-elle lieu pour conserver ou pour détruire les nouvelles institutions que la France venait de se donner?

Quel fut son effet? Procura-t-elle des avantages au Roi et à la France, ou tourna-t-elle à leur détriment?

Telles sont les questions qu'il faut d'abord résoudre, pour bien juger des obligations de la France envers les émigrés. Il sera aisé ensuite de décider si le dédommagement demandé est légitimement dû, et si l'honneur et la reconnaissance font un devoir à la France d'ajouter cette dette aux dettes énormes que l'honneur et la nécessité l'ont déjà forcée à reconnaître.

L'émigration fut-elle volontaire? Quelques seigneurs virent incendier leurs châteaux, et leurs personnes mêmes furent exposées à la fureur d'une populace en délire; mais ils ne furent pas sans asyles; les grandes villes leur en offrirent d'assurés, et ils s'y réfugièrent. L'incendie des châteaux eut lieu pendant la durée de l'assemblée constituante; plusieurs membres de cette assemblée furent eux-mêmes victimes de ces excès, et ne quittèrent cependant la France que long-temps après. Ce ne fut donc pas la peur qui les força à prendre ce parti.

A l'époque de l'émigration, on ne pouvait pas prévoir l'existence du régime de la terreur qui la suivit, puisque ce régime lui-même fut une des malheureuses conséquences de cette émigration, et que ce fut d'abord contre les parens et amis des émigrés qu'il exerça ses fureurs. Ce serait d'ailleurs bien mal connaître les Français, de supposer que la peur ait pu les déterminer à faire une démarche de ce genre. L'émigration, quoique légère et peu réfléchie, eut une cause plus noble; elle fut volontaire et libre, et ne fut entreprise que pour rétablir des institutions despotiques que les lumières du siècle réprouvaient, et que l'assemblée nationale avait eu peu de peine à détruire. Les Princes français, insultés, menacés par des factieux, crurent devoir quitter la France pour leur propre sûreté. Tel fut le principe de l'émigration. Ce départ, qui fut le seul obligé, en donna l'exemple. La noblesse française, aventureuse par caractère et par émulation, croyant voir un appel dans cette démarche, suivit bientôt l'exemple des Princes dont la loyauté lui était bien connue, et fit, sans nécessité et sans réflexion, ce que les Princes avaient fait pour leur propre sûreté et pour échapper au glaive des assassins.

En prenant ce parti, elle crut aussi agir dans son propre intérêt; car elle ne douta pas un instant que toute l'Europe ne s'empressât de prendre part à sa querelle, et qu'elle ne mît à sa disposition des armées nombreuses. On croit facilement ce que l'on désire avec ardeur. Elle s'élança hors de la France, espérant y rentrer bientôt comme avant-garde des armées étrangères; elle pensa même un instant qu'elle était appelée à comprimer seule, et par son retour à main armée, l'élan révolutionnaire, et à rétablir les choses dans le même état où elles étaient avant l'ouverture des états-généraux. Les idées dominantes lui étaient odieuses; elle considérait comme coupables au premier chef tous ceux qui les avaient propagées et soutenues; et il n'est pas douteux qu'elle ne se proposât de

punir sévèrement les novateurs, et de les
faire rentrer dans le néant, d'où l'élan de
la liberté les avait fait sortir.

Ce fut dans les régimens français surtout
que se répandit cette opinion étrange, qu'il
fallait sortir de France pour y rentrer à
main armée : en vain l'assemblée nationale
chercha-t-elle à s'assurer de leurs officiers
par des sermens : les sermens furent prê-
tés, signés même, et violés presque aussitôt.
Un député du côté droit ne craignit même
pas d'adresser une circulaire aux officiers
français pour les engager à ne pas refuser le
serment, les assurant qu'il ne les obligeait
à rien. Il appuya cette étrange apologie
du parjure, de toutes les raisons spécieuses
que les malheureuses circonstances lui
fournissaient.

C'était pourtant dans cette classe d'émigrés que se trouvait le véritable dévouement pour la personne du Roi ; mais trop
peu instruits et trop aveuglés par les préjugés de leur ordre, les officiers ne pouvaient juger quelle était la manière de
servir le plus efficacement la cause de la
royauté, telle qu'elle devait exister chez une

nation éclairée; c'est-à-dire, de la royauté
forte et puissante, mais légale, n'ayant
rien d'arbitraire, et se soumettant la première à un ordre de choses qui, établi pour
l'avantage de tous, ne pouvait déplaire
qu'à ceux qui désiraient l'asservissement
du plus grand nombre pour leur seul avantage. Les nouvelles lois sur l'avancement
militaire étaient favorables aux officiers
inférieurs que les usages ministériels excluaient des hauts grades; mais ils les
repoussèrent, parce que ces avantages leur
étaient offerts par l'assemblée, et qu'elle
les leur rendait communs avec les soldats.
Ces nouvelles lois excluaient toute distinc-
tion, tout privilége, et ne reconnaissait
que le mérite personnel; dès lors les soldats étaient appelés comme les officiers à
parvenir à tous les grades, ce fut cette com-
munauté de droits qui révolta ces derniers;
Ils auraient bien voulu être assimilés aux
nobles de première classe, et que l'on
renversât l'obstacle qui s'opposait à leur
avancement indéfini; mais ils ne virent pas
sans peine que la sollicitude du législateur
s'était étendue jusqu'à leurs inférieurs, et

que dorénavant le mérite pourrait l'emporter sur la faveur et sur la naissance ; et cet acte de justice, qui a eu des effets si puissans sur nos armées, fut en grande partie la cause de leur émigration.

Il faut aussi reconnaître au nombre des causes qui la produisirent, l'insubordination des corps, excitée par les bas-officiers. La nouvelle loi venait de stimuler leur ambition ; ils se montrèrent impatiens de jouir de ses avantages, et cette impatience les porta à travailler sourdement à déconsidérer leurs supérieurs dans les sociétés populaires et à les rendre suspects aux soldats.

D'un autre côté, les auteurs du nouvel ordre de choses sentant bien que l'armée serait tôt ou tard appelée à le soutenir dans l'intérieur et à le faire respecter au dehors, ne voyant pas sans alarme cette opposition invincible des officiers contre les principes de la constitution, ils craignirent avec juste raison que l'armée, commandée par de pareils chefs, ne marchât en sens inverse de ses principes. Bien loin donc d'arrêter le mouvement insurrectionnel imprimé par les bas-officiers, ils le favorisèrent, bien persuadés qu'il produirait l'effet de dégoûter les officiers de leur état, et de les forcer à l'abandonner. Il est encore vraisemblable qu'ils désiraient intérieurement que ces formidables opposans quittassent le sol de la France où leur présence et leur nombre pourraient embarrasser la marche du nouveau système de gouvernement : mais il ne fut pris aucune mesure pour les y forcer, et leur émigration fut absolument volontaire. La bonne foi et l'honneur ne leur permettaient pas de feindre de l'attachement pour une cause dans le but de la mieux trahir; elles leur prescrivait de l'abandonner, puisqu'ils ne voulaient pas la défendre de leur épée; mais la raison et la sagesse auraient dû les éloigner du parti désespéré de l'expatriation, toujours inutile et presque toujours odieux.

Quelques gentilhommes, des officiers même, plus clairvoyans ou peut-être plus attachés au sol de la patrie, éprouvèrent une grande répugnance à l'abandonner; mais l'exagération vint à bout de les y contraindre; on les menaça du déshon-

neur; des femmes leur envoyèrent des que-
nouilles; ils reçurent des lettres menaçantes;
ceux qui avaient passé le Rubicon, voulaient le faire passer aux autres; et l'arrivée
d'un ou de plusieurs émigrés produisait
une joie générale dans les lieux extérieurs
de rassemblement. Et cependant comment
y étaient-ils traités! A peine leur permet-
tait-on de porter leurs épées. Leurs chefs,
qu'aucune autorité légale n'avait nommés,
et qui étaient désavoués par le Roi, étaient
cependant aussi fiers de leur commande-
ment éphémère, exercé sous la surveillance
d'une chétive autorité locale, que, s'ils
eussent été à la tête d'une province française,
M. de L. C., qui se disait commandant à
Ath, ne perdait pas un pouce de sa petite
taille, et traitait les émigrés avec une
hauteur et une fierté dont plusieurs s'of-
fensèrent au point de quitter le cantonne-
ment. Lorsqu'ils se présentaient à lui à leur
arrivée, il ne leur épargnait pas les réflexions
désobligeantes : Vous arrivez bien tard,
disait-il à l'un : il faisait à l'autre des obser-
vations sur son costume trop élégant; la
coifure simple et commode de celui-ci était

celle d'un jacobin : il lui ordonnait de la changer.

Il semblait raisonnable que des hommes appelés tous par le même intérêt, celui de défendre l'ancien ordre des choses, fussent d'accord pour l'exécution de leur projet; mais rien n'était moins d'accord que les émigrés entre eux. M. de Breteuil était à la tête du parti dit de la Reine, à Bruxelles. Ailleurs la Reine était sacrifiée, et l'on parlait de la mettre dans un couvent. On entendait même des émigrés faire peu d'état du Roi, et exprimer sur ce malheureux Prince une opinion que je m'abstiendrai de faire connaître ici, par respect pour sa mémoire. Toute sagesse, toute modération étaient bannies des lieux de rassemblement. On supposait un appui considérable dans l'extérieur, un mécontentement général en France; à l'approche des émigrés, tout devait rentrer dans le devoir; on ne désirait qu'eux, on devait les recevoir à bras ouverts (ce dernier sentiment était fondé sur une faiblesse de le première classe de la société, elle se croit adorée, parce que la classe inférieure la flatte par intérêt, et elle ne peut se persuader que l'on puisse penser autrement qu'elle sur les préjugés dont elle est imbue).... Si quelqu'homme sage se permettait des réflexions modérées sur les difficultés d'une contre-révolution à main-armée, ou qu'il eût l'air de douter de toutes les assertions hasardées d'un chevalier gascon, on le supposait jacobin ; il devenait suspect au parti, et les plus exagérés même, ne craignaient pas d'assurer que c'était un espion envoyé par les clubs.

Tout concourt donc à prouver que l'émigration ne fut ni forcée ni réfléchie, que ce fut une folie, une épidémie morale produite par d'anciens préjugés, par des regrets, par une fureur concentrée, qui obscursissaient la raison, et rendaient l'individu qui en était atteint incapable de dicerner le chemin que son intérêt personnel, celui du Roi et de la France lui commandaient de tenir. Le but des émigrés était bien évidemment de replacer la France au même point d'où l'assemblée constituante était parti. Examinons si l'émigration fut entreprise dans l'intérêt du Roi.

Le Roi vit avec la plus grande peine l'émigration de la noblesse; il s'en expliqua si souvent dans ce sens, qu'il y aurait une insigne mauvaise foi de soutenir le contraire. Il invita les émigrés à rentrer dans leur patrie; il fit plus, il le leur ordonna; mais ni ses invitations réitérées, ni ses ordres ne furent écoutés. Beaucoup d'émigrés le considéraient comme un Prince faible qu'il fallait servir malgré lui. Son sort était même indifférent, osons le dire, à plusieurs d'entre eux. *Sauvons la monarchie!* était un mot fort à la mode parmi les émigrés, et qui les mettait très à leur aise. Cependant le Roi avait cherché à les détourner de prendre un tel parti, non seulement par intérêt pour lui-même, mais dans leur propre intérêt, dans celui de leurs familles et de la monarchie qu'ils abandonnaient aux factions, et dont ils prétendaient follement aller prendre la défense. Ce malheureux Prince sentait bien que le départ de cette noblesse pour l'étranger lui était nuisible, sous le double rapport, de le faire considérer comme l'auteur de ce faux mouvement et de lui nuire par-là dans l'esprit du peuple, et sous celui, non moins important, de le priver d'un appui sûr, au cas qu'il arrivât des événemens, tels qu'il était facile d'en prévoir d'après ce qui s'était déjà passé.

Ce ne fut pas non plus dans l'intérêt du peuple, et pour faire jouir les Français d'une liberté raisonnable et désirée, que les émigrés portèrent leurs pas dans la Belgique et au-delà du Rhin. Tout état de chose différent du régime sous lequel ils avaient tenu le premier rang leur était odieux. Ils consentaient au despotisme, ils le désiraient, ils le voulaient même, pourvu que le despotisme exploitât la France à leur profit. La constitution faite par l'assemblée nationale était pour eux l'œuvre de l'iniquité et de la révolte; et ce n'était pas les imperfections de cette œuvre qu'ils attaquaient, ils étaient au contraire bien aises qu'elle fût défectueuse en plusieurs points principaux, c'était l'œuvre entière qu'ils rejetaient, parce qu'elle avait détruit leurs priviléges, leurs droits féodaux; c'était parce qu'elle avait ramené le clergé à son évangélique institution, en lui otant des richesses et une influence dont il avait si souvent abusé, et qui l'avait peu à peu placé au point diamétralement opposé à celui d'où était parti le divin législateur des chrétiens.

On peut donc assurer que les émigrés, à l'exception de quelques-uns qui abandonnèrent leur patrie à regret, et pour payer le tribut au préjugé de leur ordre ou à l'engouement du jour (1), ne firent cette imprudente démarche que dans l'espoir de rentrer en arme à la suite ou comme avant-garde des armées étrangères, pour replacer la France sous le régime des priviléges et du gouvernement arbitraire dont ils comptaient recueillir seuls tous les avantages.

Dans un tel état de chose, le gouvernement agissant dans son propre intérêt, et bien convaincu que c'était une guerre à mort qu'il avait à soutenir, pouvait, et devait même, déclarer coupables des hommes

----

(1) Il faut en excepter aussi quelques personnes qui sortirent furtivement de France après le 10 août. De ce nombre furent M. de Bertrand, l'évêque actuel de Nanci, et quelques autres qui auraient courus les plus grands risques s'ils fussent restés en France.

qui levaient l'étendard de la révolte contre lui. Le Roi, comme je l'ai déjà dit, les avait rappelés à plusieurs reprises. Leur obstination à rester sur un territoire étranger, malgré ses sollicitations paternelles, lui donnait les plus vives alarmes. Il n'ignorait pas leurs efforts pour armer l'Europe contre la France; ses ennemis ne les ignoraient pas non plus, et ils ne manquaient pas dans leurs propos et dans leurs écrits de rejeter tout sur ce Prince : il avait beau protester de sa bonne foi, l'effet des manifestes répandus par les émigrés dans l'étranger et en France, leurs correspondances particulières dans lesquelles ils le présentaient comme ayant une arrière-pensée, et désavouant, en lui-même et dans son intérieur le plus intime les démarches ostensibles qu'il faisait contre leur conduite et leurs projets, avaient plus d'effet sur le peuple que sa parole royale. Car, de l'aveu même de ces dangereux amis, les révolutionnaires pouvaient le faire considérer comme tendant des piéges à son peuple, cherchant à le tromper, et n'attendant que l'instant favorable pour violer le serment qu'il avait fait de soutenir la constitution de toute la puissance de son autorité. Ainsi donc, ce malheureux Prince était victime, et victime forcée, de ceux qui se disaient ses amis ; et leur dangereuse amitié creusait de plus en plus l'abîme qui devait bientôt l'engloutir avec sa famille et la monarchie.

Toutes les accusations dirigées contre lui par les jacobins, furent basées sur sa participation aux efforts des émigrés pour armer l'Europe contre la France. Le traité de Pilnitz ne fut ignoré de personne : et comment l'aurait-il été? Il y avait tant d'inconséquence, tant de jactance chez les émigrés, qu'ils auraient regardé comme une lâcheté d'être circonspects, même dans l'intérêt de l'auguste victime de leur imprudence. Si quelques esprits sages leur faisaient apercevoir des obstacles, ils les accusaient de trahison. MM. de Bouillé et de Cazalès furent obligés de quitter les principaux cantonnemens d'émigrés, parce que leurs idées raisonnables leur attirèrent la suspicion la plus outrageante et la moins dissimulée.

Cependant on abreuvait ces émigrés

d'amertume. Dans la Belgique, on ne leur permettait pas le port d'armes à feu; aucun secours ne leur était accordé; quelques couvens abandonnés étaient les asyles où la charité impériale les avait placés. On leur avait promis une paye qu'ils ne touchaient pas. Un grand nombre d'entre eux était dans la misère. Mais tel était leur aveuglement, que, malgré cet état d'humiliation où on les tenaient, ils se persuadaient être un objet du plus grand intérêt pour les cabinets étrangers. Ils purent juger plus tard du degré de cet intérêt, lorsque les Prussiens, se retirant à Châlons devant Dumouriez, les traitèrent avec une indignité et un mépris, pire que l'inexorable justice révolutionnaire. Je dis pire; car la mort est préférable, pour un homme d'honneur, aux injures, aux spoliations et aux mauvais traitemens de toute espèce qu'ils éprouvèrent de la part de leurs méprisables alliés.

Cette terrible leçon leur ouvrit les yeux; dès lors ils ne s'aveuglèrent plus sur leur situation; plusieurs rentrèrent en France, favorisés par des amis de la constitution qui étaient encore en place; d'autres prirent du service dans les régimens étrangers; une partie, et ce furent les plus heureux ou du moins les plus honorablement placés, se rangèrent sous les drapeaux du prince de Condé, dont le haut rang et le caractère belliqueux avaient imposé au cabinet de Vienne l'obligation de le reconnaître comme chef d'une armée toute française, ou plutôt d'une avant-garde que ce cabinet astucieux destinait plus tard à guider la marche de ses troupes dans l'intérieur de la France.

La majorité des émigrés se répandit alors sur toute la surface de l'Europe. Leurs inutiles forfanteries, leur invasion éphémère à la suite de l'armée prussienne, avaient cependant produit leur effet, et avaient centuplé les forces des jacobins. Ceux-ci eurent dès lors des prétextes, et des prétextes plausibles, s'ils n'étaient pas réels, d'accuser les parens, les amis des émigrés et tous les nobles restés en France, de faire secrètement des vœux pour le succès des armées étrangères; et le parti royaliste, manquant de chefs forts, habiles et expérimentés, subit dans l'intérieur les conséquences inévitables de l'émigration. Il ne pouvait s'y soustraire ; sa défense, fondée sur des dénégations, n'était pas admissible pour des hommes qui ne se payaient ni de mots ni d'apparences, et dont les mesures dépassaient toujours le but, afin de ne laisser aucun de leurs ennemis en arrière.

Par le fait des manifestes des émigrés qui prétendaient que le Roi était d'accord avec eux, ce Prince n'inspirait plus aucune confiance aux amis de la constitution ; ses propres amis étaient même découragés, vu leur petit nombre qui rendait leur parti absolument impuissant. S'il y eût eu 3ooo officiers à Paris au 10 août, la monarchie était sauvée, et la France ne serait pas entachée d'un régicide. Le château ne succomba que faute d'un plus grand nombre de soutiens intrépides pour rassurer l'autorité ; et c'était, ce jour-là, le cas de la soutenir malgré elle ! Mais pendant qu'on mitraillait des vieillards et des suisses fidèles, mais en trop petit nombre, *et qui se soumirent trop facile-*

ment aux ordres que leur donna la fai-
blesse; tandis que l'énergique Antoinette
déployait toute la force d'un grand caractère
pour exciter le courage d'une poignée d'amis,
des milliers de chevaliers français vivaient
disséminés sur toute la surface de l'Europe,
traînant après eux l'humiliation et la misère. Que de reproches ils durent se faire
lorsqu'ils apprirent les funestes événemens
de cette journée! combien ils durent se
repentir d'avoir abandonné le sol français
au moment du péril? que de remords ne
durent-ils pas éprouver en voyant les funestes effets de la méfiance et de la haine
inspirées contre le Roi par leurs imprudens
manifestes!... Mais le repentir était tardif;
le mal était fait; et désormais la France,
par suite de leurs inconséquences et de
leurs fausses combinaisons, allait être le
théâtre de tous les crimes. On ne garda
plus de mesure contre les parens et les
amis des émigrés; et les heureux furent
alors ceux qui se trouvèrent loin de leur
patrie.

Ils apprirent les malheurs de la famille
royale et ceux de leurs parens qui péris-

saient sur les échafauds, pour expier le crime de leur appartenir. Quelles larmes amères ils durent verser dans l'impuissance où ils étaient de les secourir, Ils ressemblèrent à cet enfant qui, après avoir vu le feu prendre à la maison paternelle, se sauve pour aller chercher du secours, au lieu de l'éteindre quant il en était encore temps, et qui gémit ensuite sur le spectacle horrible de la destruction de sa famille que la force de l'incendie l'empêche de secourir.

On dira sans doute que le mal eût été aussi grand sans l'émigration, mais on le dira sans le penser. C'est aux écrous des détenus, c'est à l'acte d'accusation de Louis XVI, c'est aux véroux des mille bastilles dont se couvrit alors la France, que j'en appelle pour combattre cette assertion. Que les émigrés se flattent d'ailleurs de cette idée; je ne prétends pas détruire leur erreur, si cette erreur peut les excuser à leur propre yeux : mais qu'ils conviennent du moins que l'émigration n'a été d'aucune utilité pour Louis XVI ni pour la France.

Leur position, bien moins affreuse alors

que celle des royalistes de l'intérieur (qui ne demandent cependant aucun dédommagement), était pourtant déplorable; car, à l'exception du peu d'entre eux qui composaient les cadres du corps de Condé, ou qui servaient dans des régimens étrangers, leur masse entière divisée était répandue dans toutes les villes de l'Europe, et menait une vie misérable. On les expulsait de certaines villes, dans d'autres on ne leur accordait que le simple droit de passage; dans celles où ils étaient reçus, une police ombrageuse les surveillait, et ils étaient obligés pour subsister d'embrasser des professions et des métiers pour lesquels ils n'avaient aucune aptitude. On peut leur demander de quels secours une pareille existence a été pour leur malheureuse patrie. Doit-elle leur tenir compte des petits pâtés qu'ils faisaient à Londres, ou du vin qu'ils vendaient à Hambourg? Ils parlent de fidélité et de services, et, pendant qu'ils vivaient ainsi en Europe, humiliés, mais libres, mais protégés, tout ce qui tenait à eux dans leur patrie, gémissait dans les cachots, ou périssait sur les échafauds de la terreur !

Toutes leurs tentatives pour opérer des mouvemens en France, à cette époque, furent nulles, et tournèrent même au désavantage de ceux qu'ils prétendaient servir, parce que ces tentatives ne furent jamais que de basses intrigues, des complots mal ourdis. Pendant qu'ils échouaient ainsi par suite de leur maladresse, de simples paysans Vendéens, avec leurs faulx et leurs bâtons, faisaient trembler la révolution dans ses foyers, et battaient des armées aguerries et réputées invincibles..... Cette Vendée si héroïque, si grande, si simple, si religieuse, est le plus fort argument que l'on puisse faire contre l'émigration. Ce qu'ont pu les Vendéens, avec leurs anciens seigneurs, d'autres l'auraient pu dans d'autres parties de la France, avec le secours de leurs concitoyens émigrés; témoin l'insurrection royale du Languedoc, qui ne fut pourtant qu'une trahison du gouvernement, mais qui donna la mesure de l'esprit public dans ces contrées, et qui apprit ce qu'elles auraient pu faire, si leurs habitans avaient eu à leur tête des royalistes expérimentés.

Plus tard, les efforts des émigrés se dirigèrent plus particulièrement contre Napoléon ; la machine *infernale* et la conspiration de *Georges* donnèrent la mesure de leur savoir faire. Dans la première ils risquèrent de faire mille victimes innocentes ; et la seconde, aussi peu loyale, ne pouvait réussir que par un assassinat. Dans l'une et dans l'autre qui voulait-on exterminer ? un grand homme, un génie tutélaire qui, en faisant le 18 brumaire, sauva la France prête à devenir la victime d'une nouvelle terreur. Le duc d'Enghien vivait encore lorsque ces deux complots furent ourdis : il n'existait donc pas le moindre prétexte pour motiver un assassinat.

Ici finit l'histoire des émigrés, puisque Napoléon les rappela en France, qu'il leur donna des emplois dans le gouvernement, à sa cour et auprès de sa personne.

D'après ce tableau rapide, mais fidèle, de l'émigration, y a-t-il un seul émigré de bonne foi qui puisse dire que l'émigration ait été utile à Louis XVI et à la France ?

Mais supposons pour un instant que les émigrés eussent rendu les plus grands services à la patrie et au Roi, la France leur devrait - elle les dédommagemens qu'ils demandent?

Il est hors de doute que si le gouvernement actuel eût profité de leurs dépouilles, il ne leur dût un équivalent de ce qu'ils auraient perdu en le servant ; encore faudrait-il qu'il fût en position de pouvoir le leur donner ; car ils ne prétendraient pas sans doute que la France s'épuisât pour les enrichir. Mais parce que les jacobins ont pillé leurs propriétés, sans profit pour le Roi ni pour la France, s'ensuit-il que ce soit à nous qui avons été aussi victimes des factions, à payer la dette de leurs spoliateurs? Si l'on admettait ce principe, il faudrait aussi accorder des dédommagemens à toutes les victimes de la révolution ; nous prendrions ainsi les charges de tous les crimes et de toutes les injustices. On sent où cela nous menerait !!!

La révolution a produit des maux incalculables ; la confiscation des biens des émigrés en est un très-grand, en ne l'envisageant même que sous le rapport de la confiscation, qui est odieuse ; mais puisque la

Charte a décidé la question en faveur de ceux qui paraissaient devoir supporter le poids du dédommagement, de quel droit viendrait-on, aujourd'hui, charger de la réparation d'une grande injustice, des Français qui ont plus souffert personnellement que les émigrés, qui ont été long-temps dans les cachots, qui ont vu mourir leurs amis, leurs parens sur les échafauds, mitraillés sur les places publiques, ou noyés dans des fleuves, et qui ont essuyé des pertes dont on ne pense pas à les dédommager?

N'est-ce pas assez d'avoir été pressurés pendant tout le cours de la révolution par les agens du fisc de tous les gouvernemens qui se sont succédés, soit aux moyens de vols purement dits, d'emprunts forcés, de réquisitions. etc.; d'avoir vu vider nos greniers et nos magasins par les maximum et les réquisitions; d'avoir perdu nos vaisseaux par suite d'une guerre désastreuse; et, à la fin de tous ces malheurs, de payer annuellement notre part d'un budjet de dépense d'un milliard, et qui s'augmentera encore de moitié, si on laisse faire? faut-il encore que nous dédommagions tous les plaignans? que nous réparions toutes les injustices? Est-ce nous qui avons engagé les émigrés à sortir de France? l'ont-ils fait pour notre profit? Prétendaient-ils nous donner une charte conservatrice de nos libertés, lorsqu'ils marchaient sous la bannière des Prussiens, ou qu'ils appelaient toute l'Europe contre leur patrie? Nous avons un gouvernement représentatif et libre, et ils voulaient nous rendre un gouvernement absolu, des abus, des dîmes, des droits seigneuriaux : serait-ce de cette intention patriotique que nous devons leur savoir gré?

Sans doute le sort des émigrés manquant de tout, est malheureux; mais ils ont erré, ils ont été victimes de leurs faux calculs : à qui doivent-ils s'en prendre? Le temps est passé où on aurait pu faire en leur faveur des propositions justes et avantageuses; l'occasion est perdue, elle ne se retrouvera plus; il ne leur reste qu'à subir la loi de la nécessité; heureusement qu'il y en a peu qui soient entièrement sans ressources, et qu'il est facile au gouvernement de leur donner des secours, sans augmenter les charges de l'état.

Tout le monde a perdu : pourquoi les émigrés seuls seraient-ils dédommagés de leurs pertes? On parle d'une promesse royale; mais le Roi ne dispose pas seul de la fortune publique; il faut la coopération des chambres; il faut une loi : et comment les chambres se permettraient-elles de nous imposer pour dédommager ceux qui, bien loin de nous rendre aucun service, voulaient nous priver de la jouissance de nos droits? Il faut un motif à tout; et quel serait le motif plausible d'un tel dédommagement en faveur des émigrés?

Que le colon de Saint-Domingue représente qu'on lui a ôté sa propriété sans qu'il ait concouru par sa faute à la perdre, et qu'il demande un dédommagement, il y a quelque apparence de justice dans sa demande; il y en aurait aussi dans celle du propriétaire de rentes foncières, qui demanderait une compensation à ce qu'on lui a enlevé. Mais l'émigré qui n'a été dépouillé que par suite d'une action libre et volontaire, a couru les deux chances, l'une

de rentrer dans tous ses droits féodaux, priviléges, distinctions, honneurs, etc.; de
se venger même de ceux qui les lui avaient
enlevés; l'autre, de se voir dépouillé de ce
qu'il possédait. La fortune lui a été contraire, il a tout perdu; la justice ne lui
donnait qu'un seul moyen de retour, et la
tranquillité publique a exigé qu'il en fît le
sacrifice : voilà certes bien des motifs, et
des motifs puissans pour lui faire prendre
son parti.

Que la classe privilégiée que les émigrés
ont voulu servir, et qui est riche encore,
les dédommage, si bon lui semble, il n'y a
pas besoin d'une loi pour atteindre à ce
but, une cotisation suffit; il serait beau et
honorable à elle de le faire, on peut même
dire que ce serait pour elle un devoir;
mais peut-on forcer un cultivateur propriétaire, bon et franc roturier, jadis du tiers-
état, de dédommager celui qui a cherché à
le priver de tous les bienfaits de la révolution, à lui faire payer les droits féodaux,
les dîmes, à l'exclure de toutes les places
honorables, à le tenir enfin dans cette

dépendance et cette humiliation dont la révolution l'a affranchi? Qui oserait dire que ce serait là un acte de justice? Les parlemens seuls auraient pu rendre des arrêts pour dédommager les émigrés; car c'était pour rétablir la puissance de ces corps qu'ils travaillaient; mais nous vivons aujourd'hui sous un régime constitutionnel, et il n'y a plus de parlemens. Cette simple réflexion en dit plus à celui qui a de la justice dans l'âme et de la justesse dans l'esprit, que tous les raisonnemens que l'on pourrait entasser pour prouver l'inconvenance de la mesure proposée. Si le législateur décidait que la France doit des dédommagemens aux émigrés, c'est comme s'il déclarait que l'ancien régime est préférable au nouveau; que le gouvernement absolu est plus excellent que le gouvernement représentatif; que l'abolition des priviléges, des dîmes, de la féodalité, a été une calamité pour la France.

Les partisans de la proposition, cachant leur intention secrète sous des dehors de bien public, disent qu'en dédommageant les émigrés, on rassurerait les acquéreurs de leurs biens et que ce serait un puissant garant pour la tranquillité publique. Cette raison ne souffre pas le plus léger examen.

La Charte garantit aux acquéreurs la possession pleine, entière et libre des biens qu'ils ont acquis; ils ont le droit de les transmettre par toutes sortes de voies; ils sont assimilés entièrement à tous les autres propriétaires : quels motifs de méfiance pourraient-ils donc avoir? cette méfiance ne serait-elle pas une insulte faite à la bonne foi du Roi et à la Charte? Ne serait-elle pas coupable? Quels égards mérite-t-elle sous ce rapport? Quoi! la loi de l'état, la parole royale, ne suffisent pas aux acquéreurs de biens d'émigrés, pour les rassurer sur la validité de leur acquisition! Que demandent-ils donc? que veulent-ils? quel est le tribunal qui leur a refusé la justice réclamée?... Les plus petites allusions sont sévèrement punies; on interprète tout en leur faveur; il y a pour eux une sorte de jurisprudence particulière, tant on craint de leur donner de l'ombrage; ils sont les enfans gâtés des tribunaux. Si cette sévérité contre ceux qui leur font le moindre ombrage; si cette complaisance, si cette bonne foi à tenir les promesses faites, dont on leur donne chaque jour de nouvelles preuves, ne leur suffisent pas, je n'y sais qu'un moyen : c'est de les laisser se plaindre , et de continuer à agir comme on l'a déjà fait. Voudraient-ils que, pour les rassurer, on exterminât la race de ceux dont ils ont acquis les propriétés?... O! certes, le parti serait trop cruel et on ne saurait le leur accorder. Voudraient-ils qu'on enrichît les émigrés pour les empêcher de se plaindre? Ce moyen serait un peu trop cher. Le temps seul leur apprendra qu'une parole royale est inviolable , et que les Français, même les plus maltraités, savent oublier une injustice. Que les nouveaux propriétaires subissent donc, en attendant, les conséquences de leur position : ce n'est pas trop expier une faute que d'en redouter quelque temps les suites : tous les coupables voudraient bien en être quittes à si bon marché!..

Je déclare, en finissant, que je ne suis poussé à émettre mon opinion par aucun motif particulier, et que c'est l'intérét général des contribuables qui me met la plume à la main. J'ai vu la révolution dès son principe; j'ai souvent réfléchi sur l'inutilité de l'émigration; j'ai gémi des maux qu'elle a causés à la France, et ce n'a pas été sans étonnement que j'ai entendu un émigré proposer, de sang-froid et avec assurance, de donner un dédommagement intégral aux émigrés. Cette proposition m'a paru tellement extraordinaire, que j'ai cru devoir lui opposer mon opinion sur l'émigration.

M. de la Bourdonnaye avait repoussé, quelque temps auparavant, le dédommagement que l'on disait être offert par le ministère, *parce qu'il consacrait une injustice pour en réparer une autre.* Le sort des rentiers parut alors intéresser vivement ce député ; sa proposition a prouvé qu'il ne portait pas le même intérêt aux propriétaires; car c'est l'impôt qui, selon lui, doit payer le dédommagement intégral. Il ne peut cependant ignorer que le propriétaire, aussi consommateur, car l'un n'exclut point l'autre, est déjà horriblement chargé ; que le rentier, au contraire, qui souvent a acquis avec peu, retire beaucoup de sa créance, et ne paye aucune espèce d'imposition. Cette partialité singulière pour les rentiers a un motif. Nous doutons que M. de la Bourdonnaye l'eût eue s'il était ministre ; il eût vu sans doute différemment, y voyant de plus haut ; car l'expérience nous prouve qu'on ne conserve guère, au ministère, les couleurs que l'on portait avant d'y arriver..... Nous pensons donc, contre sa prétention, que tout dédommagement accordé aux émigrés, par voie d'emprunt ou d'imposition générale, serait injuste ; nous pensons même que les trois branches législatives dépasseraient leurs pouvoirs, en l'accordant ; parce que, vu l'énormité de la dette dont la France est chargée, et vu la masse des impositions qui l'accablent, le pouvoir législatif doit être très-circonspect pour nous soumettre à de nouvelles charges ; qu'il ne peut accorder aucune demande si elle n'est juste, raisonnable, nous ajoutons même, indispensable, et que tout dédommagement en faveur des émigrés, ne se trouverait dans aucune de ces trois catégories.

FIN.